二十四节气的奥秘

立春·雨水·惊蛰

张李◎编著

浙江摄影出版社
全国百佳图书出版单位

"立春啦！孩子们，快来'咬春'呀！"

听到妈妈的呼唤声，文文和天天姐弟俩连忙噔噔噔地跑了过来。

哇，今天的午餐好丰盛啊！

餐桌上有爽脆的豆芽、碧绿的韭菜、细细的土豆丝、脆嫩的生菜，还有煎得两面金黄的鸡蛋。五颜六色，真好看！

姐弟俩把这些菜肴卷进热乎乎的春饼里，一口咬下去，满嘴都是春天的味道！

立春是二十四节气之首，也是春天的第一个节气。

"立"是"开始"的意思，"春"代表"温暖和生长"。

立春意味着寒冷的冬天已经过去，春回大地，万物生发。

"古时候，立春这天还有'打春牛'的习俗呢。"爸爸说。

"牛牛那么可爱，为什么要打它？"文文立马抗议。她喜欢所有的动物。

"牛是宝贵的财产，古人当然舍不得真打，"爸爸笑着解释道，"于是便用泥巴做出土牛的样子，用柔软的柳条来鞭打。后来，春牛又由土牛变成了纸牛，它的肚子里还要塞满五谷呢。"

古人通过"打春牛"来提醒农夫不要耽误农时，只有辛勤劳动，才能获得好收成。

4

立春三候：
一候东风解冻；
二候蛰虫始振；
三候鱼陟（zhì）负冰。

春风送暖，大地解冻，迎春花开得热热闹闹。天天发现前两天堆的雪人已经开始融化了，妈妈编织了一个花环送给雪人，作为暂时告别的礼物。

等到冬天，我们再见面吧！

　　每年立春前后，我们会相继迎来两个隆重的传统节日——春节和元宵节。

　　除夕夜，一家人坐在一起包饺子，吃团圆饭，互相祝福说吉祥话。

　　姐弟俩想和爸爸妈妈一起守岁，可想到第二天一早还要去给爷爷奶奶拜年，还是决定晚上按时睡觉。

灯谜

圆圆滚滚白胖子，
扑通扑通跳锅子。
浮出水面就打捞，
甜甜蜜蜜过元宵。
——打一食物

等到正月十五，一家人出门去看花灯，猜灯谜，赢奖品，开开心心闹元宵！

8

　　小区里有两棵樱桃树，一到春天就开出簇簇白花，布满枝头，像一团团轻盈的云朵。

　　妈妈说："樱桃花开，蛰伏在泥土里越冬的小虫也应该感受到春天的气息了，说不定正伸着懒腰，准备起床呢！"

　　"您是怎么知道的呀？"文文好奇地问。

　　"是花儿告诉我的。不同的节气里会有不同的花儿开放，带来季节变换的消息！"

二十四番花信风

应着花期时令吹来的风被称为"花信风"。

从小·寒到谷雨，跨越八个节气、二十四候，人们在每一候挑选一种花期最准确的花为代表，叫作这一节气中的花信。

　　小河边，一树树辛夷花（也叫玉兰花），竞相怒放，由白到粉，由粉到紫，花瓣全都直挺挺地朝上昂扬着。

　　辛夷花也是宣告春天到来的信使，因而又被称为"望春"。

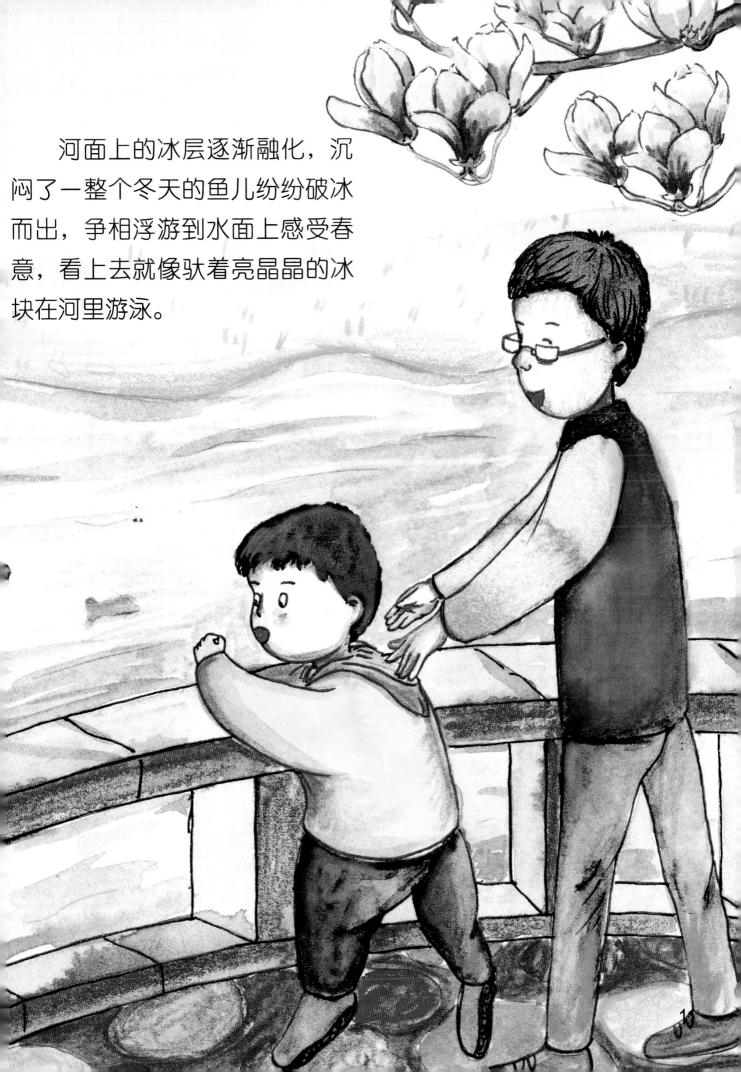

河面上的冰层逐渐融化，沉闷了一整个冬天的鱼儿纷纷破冰而出，争相浮游到水面上感受春意，看上去就像驮着亮晶晶的冰块在河里游泳。

淅淅沥沥，淅淅沥沥……

从昨天晚上开始，春雨就绵绵地下个不停，院子里的花花草草都在咕嘟咕嘟畅饮着甘甜的雨露，铆足了力气想要生长起来。

这时进入了春天的第二个节气——雨水。

它意味着降雨的开始，雨量会渐渐增多。

春夜喜雨

唐·杜甫

好雨知时节，当春乃发生。

随风潜入夜，润物细无声。

野径云俱黑，江船火独明。

晓看红湿处，花重锦官城。

13

今天天气太好了，一起去郊外春游吧！

远远望去，一大片金黄色的花海映入眼帘——啊，是油菜花开了！

小蜜蜂们飞来飞去，一边采集花蜜，一边传播花粉。

油菜，学名"芸薹（tái）"，它的种子含油量高，可用来榨油，是我国重要的油料作物。

明代医药学家李时珍在《本草纲目》中描述它"开小·黄花，四瓣，如芥花"。

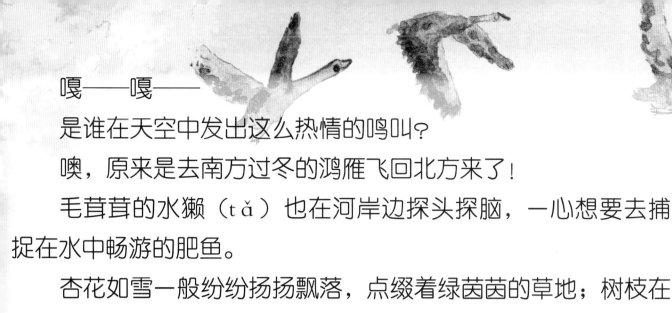

嘎——嘎——

是谁在天空中发出这么热情的鸣叫？

噢，原来是去南方过冬的鸿雁飞回北方来了！

毛茸茸的水獭（tǎ）也在河岸边探头探脑，一心想要去捕捉在水中畅游的肥鱼。

杏花如雪一般纷纷扬扬飘落，点缀着绿茵茵的草地；树枝在不断萌发新芽。

大自然处处都是生机勃勃、春意盎然的景象！

雨水三候：

一候獭（tǎ）祭鱼；

二候候雁北；

三候草木萌动。

17

春雷响，万物长。

雷声乍动惊醒了冬眠的小动物。

它们纷纷爬出巢穴，一边热身，一边思索着要去哪里寻找食物。

18

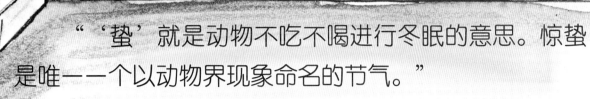

　　"'蛰'就是动物不吃不喝进行冬眠的意思。惊蛰是唯一一个以动物界现象命名的节气。"

　　爸爸一边带文文观察破土而出的蚯蚓，一边解释着春天的第三个节气的含义。

　　"不过，唤醒动物的其实并不是雷声，而是正在升高的气温！"

惊蛰三候：

一候桃始华；

二候仓庚鸣；

三候鹰化为鸠（jiū）。

阳光暖融融的，蝴蝶在灼灼盛开的桃花中翩翩飞舞。

几只扁嘴的野鸭在池塘里嬉戏，水面不时漾出一圈圈涟漪。

天天觉得有点热，想要把外套脱掉，妈妈连忙制止："现在气温起伏较大，别急着减衣服，容易感冒！"

民谚有"春捂秋冻"之说，宁可先捂一捂，也不要着凉喔！

惠崇春江晚景

宋·苏轼

竹外桃花三两枝，
春江水暖鸭先知。
蒌蒿满地芦芽短，
正是河豚欲上时。

农历二月初二被称为"龙抬头",传说是龙抬头的日子,是我国的传统节日。

传说这一天会有龙从沉睡中苏醒,为人间行云布雨。

刚吃过早饭,妈妈便带着姐弟俩去理发。这也是最为人所熟知的"剃龙头"的习俗。

　　"龙抬头"这天，不管做什么都会与龙有关，连吃东西都叫作"吃龙食"。

　　吃面叫"吃龙须"，吃桂圆叫"吃龙眼"，吃饺子叫"吃龙耳"，吃麻花叫"啃龙骨"……寓意这一年健健康康，顺顺利利！

惊蛰时节，天气多变，空气干燥。

生梨有润肺止咳、保护嗓子等功效。

因"梨"谐音"离"，因此又有"惊蛰吃梨，疾病远离"的寓意。

姐弟俩一边吃着鲜甜多汁的梨，一边听着小黄鹂欢快地歌唱：滴哩哩，滴哩哩！春天真美丽！真美丽！

古人将黄鹂称为"仓庚"。

黄鹂不仅鸣叫声清亮悦耳，还能在大树的枝杈间编织出像吊篮一样的悬巢。

到了惊蛰节，锄头不停歇。

繁忙的春耕开始了！

农民伯伯驾驶着播种机，在肥沃的田地里播下种子。

布谷鸟飞来飞去，"布谷，布谷"叫个不停，提醒人们抓紧大好时光，辛勤耕耘。

因为在不知不觉中，春天已经过去一半了。

花木管时令，鸟鸣报农时。古时候，布谷鸟也会被叫为"鸠"。惊蛰期间，鹰会躲藏起来繁育后代，而布谷鸟却到处飞翔，古人便以为鹰都变成了布谷鸟。

责任编辑　袁升宁
责任校对　王君美
责任印制　汪立峰　陈震宇

图书在版编目（CIP）数据

　　立春·雨水·惊蛰 / 张李编著． -- 杭州：浙江摄
影出版社，2024.1
　　（二十四节气的奥秘）
　　ISBN 978-7-5514-4831-4

　　Ⅰ．①立… Ⅱ．①张… Ⅲ．①节气－风俗习惯－中国
－儿童读物 Ⅳ．① K892.18-49

中国国家版本馆 CIP 数据核字（2024）第 009084 号

LICHUN·YUSHUI·JINGZHE

立春·雨水·惊蛰

（二十四节气的奥秘）

张李　编著

全国百佳图书出版单位
浙江摄影出版社出版发行
　　　地址：杭州市体育场路 347 号
　　　邮编：310006
　　　电话：0571-85151082
　　　网址：www.photo.zjcb.com
制版：北京北视国文化传媒有限公司
印刷：北京天恒嘉业印刷有限公司
开本：889mm×1194mm　1/16
印张：2
2024 年 1 月第 1 版　　2024 年 1 月第 1 次印刷
ISBN 978-7-5514-4831-4
定价：39.80 元